Diogenes Taschenbuch 61

de
te
be

Loriots Tagebuch

Diogenes

Loriots Tagebuch
erschien erstmals 1970 als
23. Werk für den ›Club der Bibliomanen‹
Die vorliegende Neuauflage wurde um
neue Blätter im Tausch gegen alte
bereichert

100/76/E/4
ISBN 3 257 20114 1

Inhalt

Zum Geleit

Bei eingehender Prüfung des Bandes, spätestens nach Durchzählen der Seiten, wird der korrekte Leser eine zutreffende, wenn auch verblüffende Feststellung machen: Dieses Tagebuch ist unvollständig. In der Tat habe ich über dreihundert Tage des Jahres dem Leser vorenthalten. Es handelt sich dabei um Notizen, die in ihrer historischen Bedeutung umstritten sind. Aufzeichnungen etwa über sechs Tage, die ich Mitte Juni nach Genuß eines unter dem Straßenbahnsitz gefundenen Wurstbrotes bettlägerig verbrachte. Auch habe ich rund drei Wochen im Herbst unberücksichtigt gelassen, in denen ich einer niedersächsischen Rentnerin Gesangsunterricht erteilte.

Nach reiflicher Überlegung entschloß ich mich, der Öffentlichkeit nur diejenigen Dokumentarskizzen chronologisch geordnet vorzulegen, die prominente Menschen in ganz neuem Lichte zeigen. Möglicherweise wird der Leser Persönlichkeiten vermissen, die ihm kulturell oder politisch besonders nahestehen. Hierzu ist zu sagen, daß es trotz guten Willens nicht immer möglich ist, ein zwangloses Beisammensein mit Prominenz für intime Betrachtungen zu nutzen. Das bitte ich freundlich zu bedenken, ehe man sich über das Fehlen von Karl Marx, Adele Sandrock und Ludwig van Beethoven entrüstet.

LORIOT

15. Januar

„Hier hängen wir's jetzt auf –
oder ich schmeiß es hin!"

17. Januar

„Ist das der Fußball,
von dem du dauernd erzählst, Gerd?"

19. Januar

„Oh, sehen Sie, Königliche Hoheit – ein Storch!"

4. Februar

„Aber ich schwöre Ihnen, Charles,
es ist eine verwunschene Prinzessin!"

14. Februar

„Danke, Herr Kommissar,
ich habe schon gegessen…"

28. Februar

„Marika!!!"

4. März

„Entschuldigung, wohnt hier eine Frau Vivi Bach?"

30. März

„Behalten Sie auch zum Hauptfilm den Hut auf, meine Dame?"

9. April

„Nimm doch die Spielerei nicht so ernst,
Franz Josef!“

20. April

„Sei lieb, Kossygin, sag mir
noch einmal das unanständige Marx-Zitat
ins Ohr."

5. Mai

„Lassen Sie ihm doch wenigstens
die Schwanzfedern, Herr Barzel."

8. Mai

„Sie sind mir unheimlich, Herr Hitchcock."

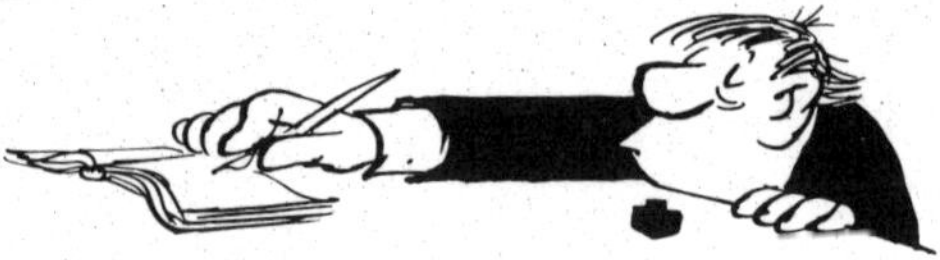

16. Mai

„Entschuldigen Sie, wo komme ich hier zu den Kessler-Zwillingen?"

17. Mai

„Willst du wohl dem netten Onkel
von der CDU Händchen geben, Willy?"

4. Juni

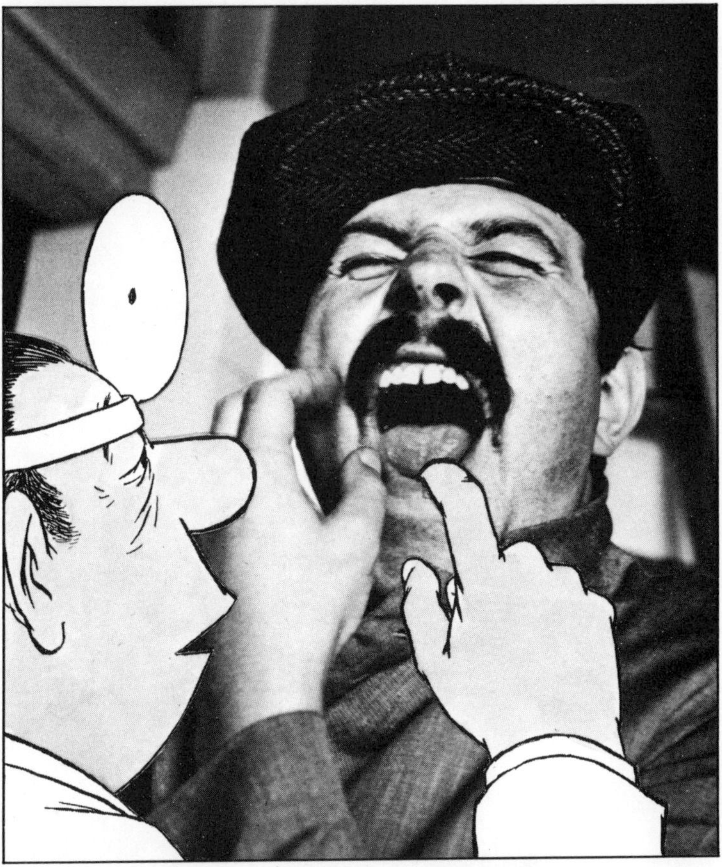

„Sie sind nur noch ganz hinten etwas rot, Herr Grass."

5. Juni

„Jetzt stehst du auf und
sagst folgendes: …"

17. Juni

„Mensch, Walter, alter Junge,
was machst du denn hier in Berlin?"

25. Juni

„Warum können Sie
nicht auch beim Tanzen mal das rechte und
mal das linke Bein heben, Herr Scheel?"

29. Juni

„Das Konzert beginnt zwar erst um neun, aber es sind noch siebzig Seemeilen bis New York, Herr von Karajan!"

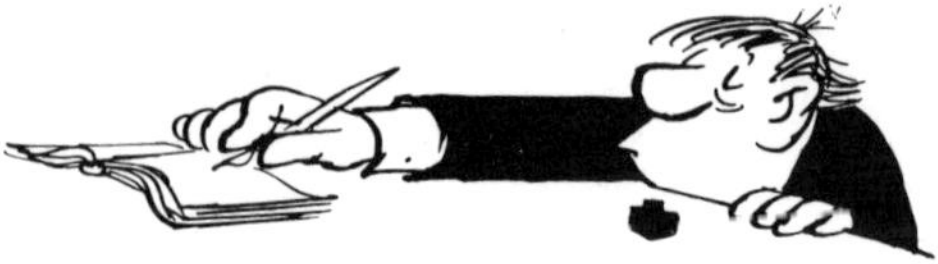

3. Juli

„Das Kreuzworträtsel ist ganz hinten,
Herr Bundeskanzler."

12. Juli

„Aber welcher der Herren ist denn hier zuständig für großen Mist?"

14. Juli

„Ist das hier der Anlegeplatz, Frau Bardot?"

20. Juli

„Die Regelung des Verkehrs
ist ausschließlich Sache der Polizeiorgane,
Frau Senta Berger!"

5. August

„Entschuldigen Sie, Herr Jürgens, wenn ich störe, aber das Publikum möchte nicht länger beim Rasieren zuhören!"

28. August

„Nennen Sie mir einen bekannten Quizmaster –
er fängt mit ‚K' an und hört
mit ‚ulenkampff' auf."

5. September

„So glauben Sie mir doch,
Uschi, es sind zwei."

11. September

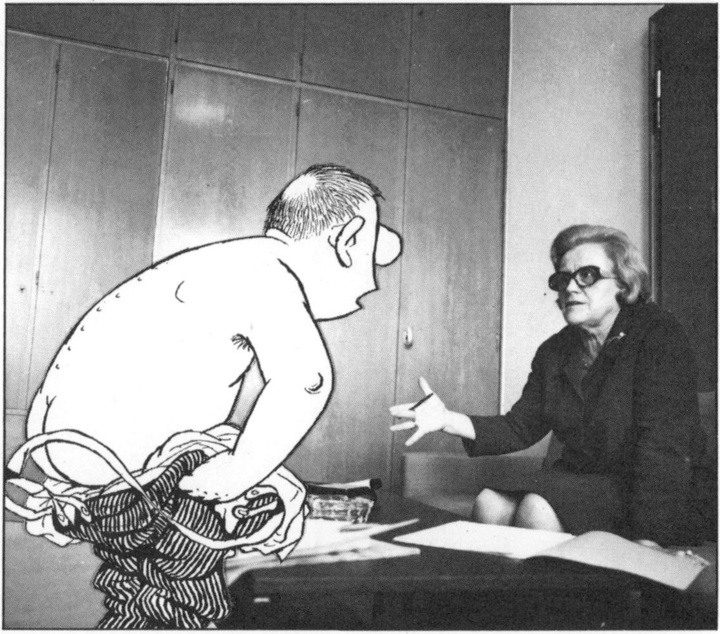

„Also, waren Sie nun Gesundheitsminister oder nicht, Frau Strobel?"

15. September

„Anhalter dürfen auch bei Hochwasser
nicht an der Autobahn stehen,
Frau Tiller!"

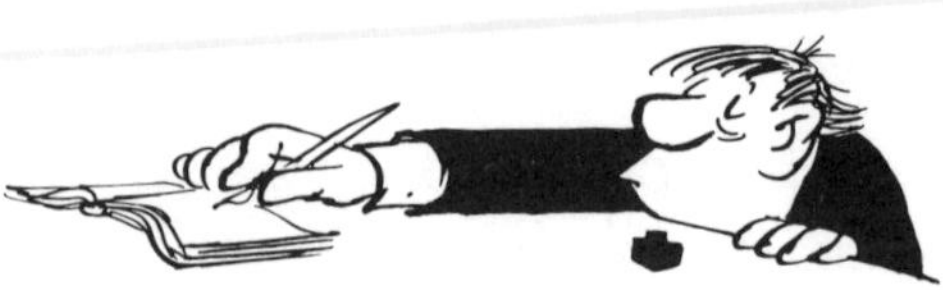

25. September

„Ach, Neckermännchen, machen Sie's doch wenigstens heute abend möglich!"

29. September

„Ich schreie,
wenn Sie mich küssen, Herr General!"

10. Oktober

„Und bedenken Sie, Herr Onassis,
Sie können jetzt mit Ihrer Gattin auch die
fünfzigprozentige Fahrpreisermäßigung
der Deutschen Bundesbahn
im Rahmen der Rosa-Zeiten-Aktion
in Anspruch nehmen!"

16. Oktober

„Kann ich Ihnen bei der Vernehmung der Jacob-Sisters irgendwie behilflich sein, Herr Hauptwachtmeister?"

17. Oktober

„Na – wieder in Gedanken, Herr Sachs?"

25. Oktober

„Hauptsache, mein Porträt
wird wirklich ähnlich, Herr Picasso."

6. November

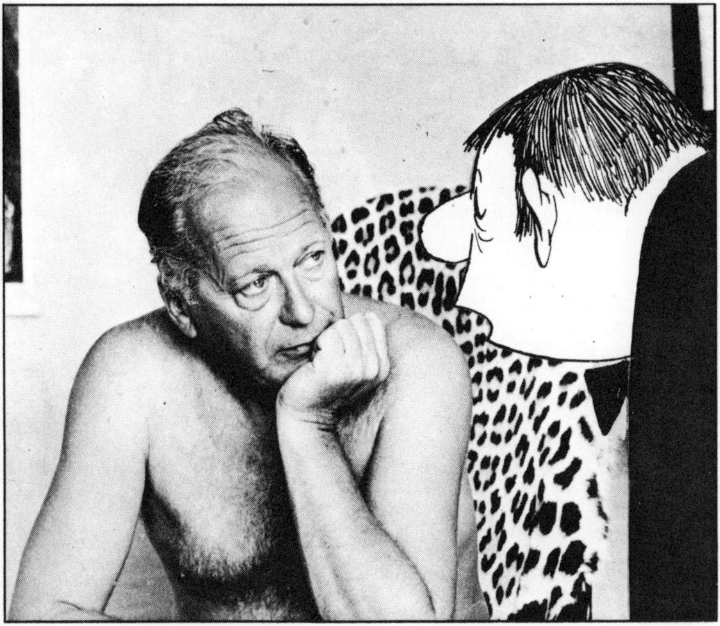

„Sie möchten entweder ein Höschen anziehen
oder die Hotelhalle verlassen,
Herr Jürgens!”

10. November

„Die dicke Blonde da drüben stammt noch von Ihrer letzten konzertierten Aktion."

12. November

„Wenn Sie noch länger
kaltes Wasser einlaufen lassen...,

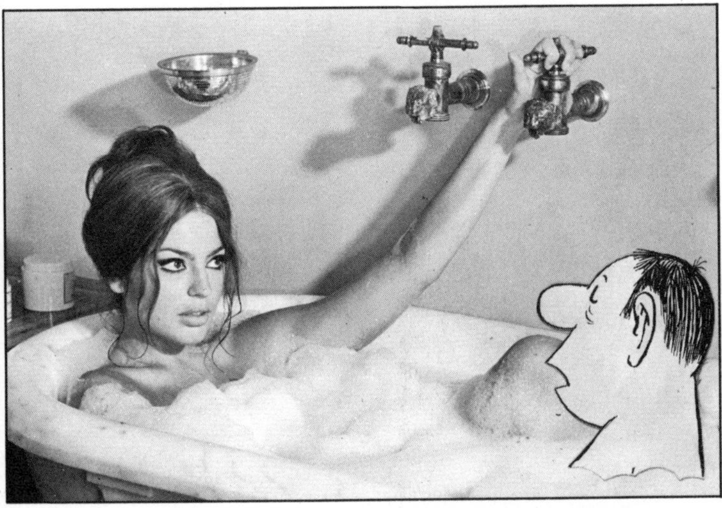

stehe ich die Szene nicht durch, Frau Ira!"

21. November

„Aber Sie *müssen* uns kennen,
Herr Köpcke,
wir sehen jeden Abend die Tagesschau!"

30. November

„Jetzt kommt hier ein Vögelchen rausgeflogen, Mr. Wilson."

3. Dezember

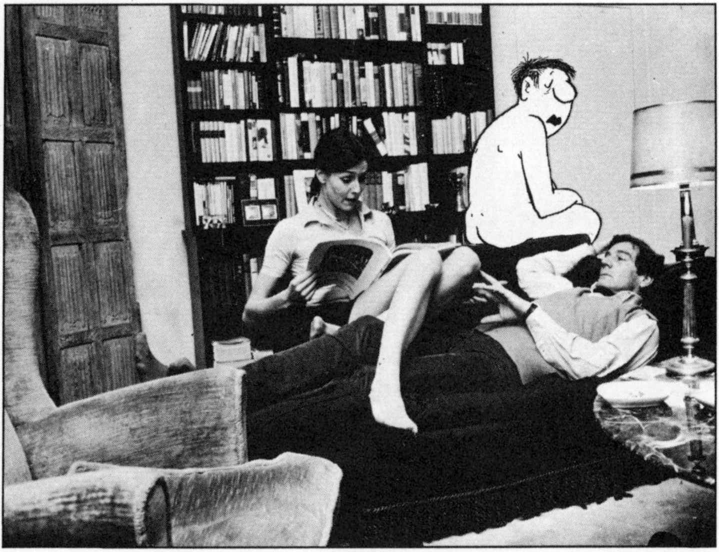

„...und das soll Gruppensex sein,
Herr Hubschmid?"

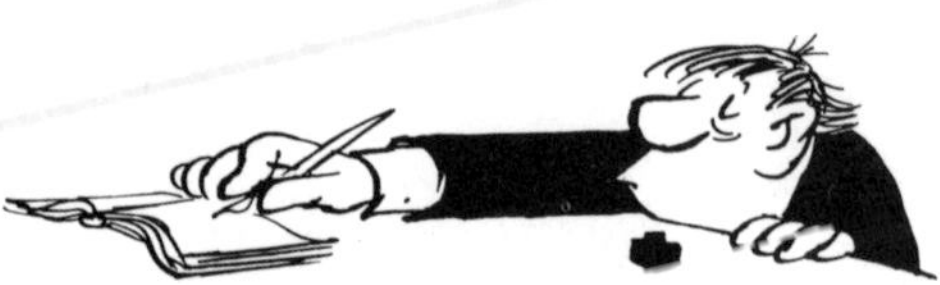

12. Dezember

„Sehr wohl, Herr Ehmke, erst Kohl gedämpft und dann Strauß frikassiert."

13. Dezember

„Sie sollten Handschuhe mitnehmen,
Fräulein von Weitershausen,
die Beethovenhalle ist schlecht geheizt."

24. Dezember

„Ja, ja, Herr Schock, ich sage nie wieder,
daß ich lauter singen kann als Sie."

25. Dezember

„Was bin ich, Herr Lembke?
Ich komme vom Mars, bin selbständig,
mache keine Handbewegung
und möchte ein blaues Schweinderl!"

26. Dezember

„Ihr Ältester will König werden?
Na, das gibt sich wieder!“

31. Dezember
18.00 Uhr

„Herr Schmidt, Sie möchten den Bonbon sofort herausgeben – er gehört Herrn Wehner."

31. Dezember
24.00 Uhr

Index

Für die Photographien dieses Bandes danke ich den Photographen

Bruno Arnold (89)
Peter Block-Schroeder (45)
Karl Breyer (39)
Peter Brüchmann (19)
Jupp Darchinger (37)
Rudolf Dietrich (55)
Ernst Grasser (71, 93)
Hans Hubmann (49, 99)
Peter Kruse (95)
Max Marhoffer (21)
Jan Parik (97)
Pierluigi/Graziani (33, 41)
Horst Prange (59)
Dirk Schwager (61)
Stark-Otto (87)
Benno Wundshammer (25, 63)

und den Agenturen

AFN (13)
AP (9, 65)
dpa (43, 47, 53, 57)
Eupra (27)
Keystone (15, 23, 69, 85, 91)
Reporters Associés (67, 71, 73)
Süddeutscher Verlag (79)
und dem ZDF (17)

Zwei Standardwerke:

Loriots Großer Ratgeber

500 Abbildungen und erläuternde Texte geben Auskunft über Tischmanieren, Gattenwahl, Einrichtung, Fleckentfernung, Kleidung, Garten- und Körperpflege, Berufssorgen, Automobil-, Rasen- und Skisport, Alkohol- und Nikotingenuß, Theater, Film, Reisen, Maulwürfe, Nashörner und manch anderes mehr.
Ein großer Diogenes Sonderband

Loriots Heile Welt

Ein Buchereignis, das in seiner vollen Tragweite nur noch mit ›Loriots Großem Ratgeber‹ verglichen werden kann. Dies allerdings mit Recht: beide Bände sind gleich groß, schön und stattlich, und beide Bände enthalten gesammelte Texte und Zeichnungen von Loriot. Die ›Heile Welt‹ bringt überdies erstmals ›Loriots Telecabinet‹.
Ein großer Diogenes Sonderband

Diogenes Grafik-Taschenbücher

Bosc

Love and Order. Zeichnungen über Krieg und Frieden. detebe 44

Wilhelm Busch

Studienausgabe in 7 Einzelbänden. *Gedichte – Max und Moritz – Die fromme Helene – Tobias Knopp – Hans Huckebein / Fipps der Affe / Plisch und Plum / Balduin Bählamm / Maler Klecksel – Prosa.* detebe 60/I–VII

Chaval

Zum Lachen. Gesammelte Cartoons I. detebe 80/I
Zum Heulen. Gesammelte Cartoons II. detebe 80/II
Hochbegabter Mann, befähigt, durch die bloße Erdumdrehung einen Eindruck von Geschwindigkeit zu empfinden. Gesammelte Cartoons III. detebe 80/III

Paul Flora

Premiere. Party-Zeichnungen. Mit einem Versuch von Wolfgang Hildesheimer. detebe 0
Trauerflora. Idyllen. Mit einem Vorwort von Friedrich Dürrenmatt. detebe 52/I
Vivat Vamp! Ein Fotobuch zum Lob des Vamps von Mae West bis Marilyn Monroe. Mit gezeichneten Kommentaren von Paul Flora. detebe 52/II

Edward Gorey

Balaclava. Sechzig pessimistische Limericks. detebe 27
Das jüngst entjungferte Mädchen. Ein anstößiges Anstandsbuch. detebe 101

Goya

Caprichos. Mit einem Vorwort von Urs Widmer. detebe 33/I
Desastres de la Guerra. Mit einem Vorwort von Konrad Farner. detebe 33/II

Loriot

Kleine Prosa. Mit vielen Zeichnungen des Verfassers. detebe 13
Tagebuch. Zeitgeschehen von Meisterhand. detebe 61
Kleiner Ratgeber. Entscheidende Abbildungen und Texte. detebe 82

Roger Price

Der kleine Psychologe. Sämtliche Drudel. detebe 91

Ronald Searle

Weil noch das Lämpchen glüht. Boshafte Zeichnungen. Gerechtfertigt durch Friedrich Dürrenmatt. detebe 14

Sempé

Konsumgesellschaft. Zivilisationszeichnungen. detebe 38
Volltreffer. Erste Zeichnungen. detebe 84

Siné

Katzenjammer. Katzen-Cartoons. detebe 94

Roland Topor

Tragödien. Mit einer Vorrede des Künstlers. detebe 23

Tomi Ungerer

Der Sexmaniak. Aus dem Geheimen Skizzenbuch. detebe 6
Fornicon. Vorwort von Prof. Dr. Walther Killy. detebe 17
Spiegelmensch. Ein neues deutsches Wintermärchen. detebe 49
Der erfolgreiche Geschäftsmann. Ein Stundenbuch für Manager. detebe 123

James Abbott McNeill Whistler

Die vornehme Kunst sich Feinde zu machen. Mr. Whistlers ›Zwölf-Uhr-Vortrag‹ über Kunst und Einwände von Oscar Wilde und G. K. Chesterton. Mit Zeichnungen von Whistler, Aubrey Beardsley, Leslie Ward und Max Beerbohm. detebe 34